ACADÉMIE NATIONALE DE MUSIQUE.

# ZERLINE

ou

## LA CORBEILLE D'ORANGES

PRIX : 1 FRANC.

PARIS,
BRANDUS et C<sup>ie</sup>, Éditeurs.

# BRANDUS ET Cie,

ÉDITEURS,

Successeurs de Maurice SCHLESINGER et de E. TROUPENAS et Cie,

Rue Richelieu 87, et rue Vivienne, 40.

## BIBLIOTHÈQUE DRAMATIQUE.

# PARTITIONS DE PIANO ET CHANT.

## FORMAT IN-8°.

| | Prix net. |
|---|---|
| ADAM. Giralda | 15 » |
| — Le Postillon de Lonjumeau | 8 » |
| AUBER. Actéon | 8 » |
| — L'Ambassadrice | 12 » |
| — La Barcarolle | 12 » |
| — La Bergère châtelaine | 8 » |
| — Le Cheval de Bronze | 12 » |
| — Le Dieu et la Bayadère | 12 » |
| — Les Diamants de la couronne | 12 » |
| — Le Domino noir | 12 » |
| — Le Duc d'Olonne | 12 » |
| — La Fiancée | 12 » |
| — Fra Diavolo | 12 » |
| — Haydée | 12 » |
| — Lestocq | |
| — La Muette de Portici | 15 » |
| — La Muta di Portici (en italien) | 15 » |
| — La Neige | 8 » |
| — La Part du Diable | 12 » |
| — Le Philtre | 12 » |
| — Le Serment | 12 » |
| — La Sirène | 12 » |
| — Zanetta | 12 » |
| BACH (J.-S.). La Passion | 10 » |
| BEETHOVEN. Fidelio | 7 » |
| BELLINI. La Sonnambula | 10 » |
| CHERUBINI. Les Deux journées | 8 » |
| — Lodoïska | 8 » |
| DEVIENNE. Les Visitandines | 7 » |
| DONIZETTI. La Favorite | 15 » |
| GLUCK. Iphigénie en Tauride | 7 » |
| — Iphigénie en Aulide | 7 » |
| GRETRY. Richard-Cœur-de-Lion | 7 » |
| HALÉVY. Dame de Pique (la) | 15 » |
| — L'Éclair | 12 » |
| — La Fée aux Roses | 15 » |
| — Les Mousquet. de la Reine | 15 » |
| — Le Val d'Andorre | 15 » |
| HÉROLD. Le Pré aux Clercs | 12 » |
| LOUIS (N.) Marie-Thérèse | 15 » |
| MENDELSSOHN. Paulus (Conversion de saint Paul) | 8 » |
| MEYERBEER. 40 Mélodies à 1 et à 2 v. | |
| — Il Profeta | 20 » |
| — Roberto il Diavolo | 20 » |
| NICOLAI. Il Templario | 8 » |
| NICOLÒ. Cendrillon | 8 » |
| — Jeannot et Colin | 8 » |
| — Joconde | 8 » |
| ROSSINI. Le Comte Ory | 12 » |
| — Guillaume Tell | 20 » |
| — Robert Bruce | 15 » |
| — Moïse | |
| SACCHINI. Œdipe à Colone | 7 » |
| WEBER. Freischütz, a. récit. de Berlioz | 10 » |
| — Euryanthe | 8 » |
| — Obéron | 8 » |

## GRAND FORMAT ORDINAIRE.

### Paroles françaises.

| | | |
|---|---|---|
| ADAM. Le Mal du pays | net. | 7 » |
| — Le Postillon de Lonjumeau | net. | 12 » |
| AUBER. Actéon | net. | 20 » |
| — L'Ambassadrice | net. | 50 » |
| — L'Enfant prodigue | net. | 40 » |
| — Le Dieu et la Bayadère | net. | 30 » |
| — Le Domino noir | net. | 30 » |
| — Gustave ou le Bal masqué | net. | 30 » |
| — Le Lac des Fées | net. | 50 » |
| — La Muette de Portici | net. | 40 » |
| — La Neige | net. | 12 » |
| — Le Philtre | | 60 » |
| — Le Serment ou les faux Monnayeurs | | 60 » |
| — Zanetta | net. | 30 » |
| BEETHOVEN. Fidelio | net. | 40 » |
| BELLINI. Norma | net. | 42 » |
| BERTIN (mademois.). Esméralda | net. | 40 » |
| BOURGES. Sultana | net. | 15 » |
| DONIZETTI. La Favorite | net. | 40 » |
| GLUCK. Alceste | | 36 » |
| — Armide | | 36 » |
| — Iphigénie en Aulide | | 36 » |
| — Iphigénie en Tauride | | 36 » |
| — Orphée | | 36 » |
| HALÉVY. Charles VI | net. | 40 » |
| — L'Éclair | net. | 30 » |
| — Guido et Ginevra | net. | 40 » |
| — Le Guitarrero | net. | 30 » |
| — La Juive | net. | 40 » |
| — Le Lazzarone | net. | 30 » |
| — La Reine de Chypre | net. | 40 » |
| KREUTZER. La Mort d'Abel | | 36 » |
| MEYERBEER. Les Huguenots | net. | 40 » |
| — Le Prophète | net. | 40 » |
| — Robert-le-Diable | net. | 40 » |
| ROSSINI. Le Comte Ory | net. | 30 » |
| — Guillaume Tell | net. | 40 » |
| — Moïse | net. | 30 » |
| — Le Siège de Corinthe | net. | 30 » |
| — Stabat Mater | | 25 » |
| SACCHINI. Dardanus | | 36 » |
| — Œdipe à Colone | | 36 » |
| SPONTINI. Olympie | net. | 20 » |
| WEBER. Robin des Bois, paroles françaises et allemandes | net. | 40 » |
| WEIGL. Emmeline | net. | 40 » |
| WINTER. Le Sacrifice interrompu | net. | 40 » |

### Paroles italiennes.

| | | |
|---|---|---|
| BEETHOVEN. Fidelio | net. | 40 » |
| BELLINI. Norma | net. | 40 » |
| — Il Pirata | net. | 40 » |
| — La Straniera | net. | 40 » |
| DONIZETTI. Adelia | net. | 12 » |
| — La Favorita | net. | 40 » |
| MERCADANTE. Elisa e Claudio | net. | |
| — Il Giuramento | net. | 40 » |
| — La Vestale | net. | 40 » |
| MEYERBEER. Il Crociato | net. | 40 » |
| — Margarita d'Anjou | net. | 40 » |

| | | |
|---|---|---|
| MOZART. Collection d'airs, duos, trios, etc. | net. | 40 » |
| — La Clemenza di Tito | net. | 40 » |
| — Così fan tutti | net. | 40 » |
| — Don Giovanni | net. | 40 » |
| — Il Flauto magico | net. | 40 » |
| — Idomeneo | net. | 40 » |
| — L'Impressario et le Requiem | net. | 40 » |
| — Le Nozze di Figaro | net. | 40 » |
| — Il Ratto del Seraglio | net. | 40 » |
| ROSSINI. Il Barbiere di Siviglia | net. | 40 » |
| — Semiramide | net. | 40 » |
| — Tancredi | net. | 40 » |
| — Zelmira | net. | 40 » |
| SPOHR. Fausto | net. | 40 » |
| WEBER. Oberon | net. | 40 » |
| — Il Franco arciero (Freischütz) | net. | 40 » |

### PARTITIONS POUR LE PIANO SEUL.

| | | |
|---|---|---|
| AUBER. La Muette de Portici, in-8 | net. | 10 » |
| — La Part du Diable, in-8 | net. | 8 » |
| — Le Domino noir, in-8 | net. | 8 » |
| — Haydée, in-8 | net. | 8 » |
| BERLIOZ. Symphonie fantastique | net. | 20 » |
| BELLINI. Norma | | 24 » |
| — Il Pirata | | 20 » |
| — Straniera | | 20 » |
| DONIZETTI. Anna Bolena | | 24 » |
| — Belisario | | 24 » |
| — La Favorite | net. | |
| HALÉVY. Guido et Ginevra | net. | 25 » |
| — Charles VI | net. | |
| — La Juive | net. | 25 » |
| — La Reine de Chypre | net. | 25 » |
| — Les Mousquetaires de la Reine, in-8 | net. | 8 » |
| — Le Val d'Andorre, in-8 | net. | 8 » |
| — La Fée aux Roses, in-8 | net. | |
| HÉROLD. Le Pré aux Clercs, in-8 | net. | 8 » |
| MEYERBEER. Il Crociato | | |
| — Les Huguenots | net. | 25 » |
| — Robert-le-Diable | net. | |
| — Le Prophète, in-8 | net. | 10 » |
| MOZART. Don Giovanni | | 20 » |
| — Nozze di Figaro | | |
| ROSSINI. Le Comte Ory | net. | 15 » |
| — Guillaume Tell | net. | 25 » |
| — Stabat Mater | | |
| WEBER. Oberon | | 24 » |
| — Robin des Bois | | 24 » |

### PARTITIONS POUR LE PIANO A 4 MAINS.

| | | |
|---|---|---|
| DONIZETTI. La Favorite | net. | 25 » |
| HALÉVY. La Juive | net. | |
| MEYERBEER. Robert-le-Diable | net. | |
| — Les Huguenots | net. | |
| — Le Prophète | | |
| ROSSINI. Le Stabat Mater | | 20 » |

Paris. Imprimerie de L. Martinet, rue Mignon.

# ZERLINE

ou

## LA CORBEILLE D'ORANGES.

## DÉCORATIONS.

1<sup>er</sup> Acte . . . . . . . . MM. Nolo et Rubé.
2<sup>e</sup> Acte . . . . . . . . M. Séchan.
3<sup>e</sup> Acte . . . . . . . . M. Despléchin.

*Divertissement* de M. Mazillier.

## DANSE.

### ACTE PREMIER.

*Quatre seigneurs :* MM. Bion, Carré, Lefèvre, Petit.
*Un nègre :* M. Lagrous.
*Trois dames :* Mesdemoiselles Boyer, Mignard, Lebaigle.
*Deux pages :* Mesdemoiselles Mathé, Lescard.
*Deux suivantes de Gemma :* Mesdemoiselles Brunache, Delacquit.
*Des laquais :* MM. Pécheurs, Fangel, François, François 2<sup>e</sup>, Levavasseur, Gœthals, Fansago, Faucher, Herbin, Mirmont.

### ACTE III. — LE BAL.

*La styrienne :* M. Bauchet, mesdemoiselles Emarot, Robert.
*Pas chinois :* MM. Salvatelle, Durand, Fangel, Estienne, Pissarello, Herbin, Gredelue, Gœthals.
  Mesdemoiselles Giraud, Stucci, Gallois, Cassegrain, Kendelle, Lefèvre, Chambret, Renard.
*Pas des Muses :* Mesdemoiselles PLUNKETT, Mathilde, Marquet, Nathan, Astory, Rousseau, Heckmann, Bouvier, Feugère, Danse, Jendron, Maupérin.
*Pas des fous :* M. Coralli, mademoiselle Caroline.
  MM. Mazillier, Wiéthoff, Vandris, Frapart, Monfallet, Friant, Lévi, Mirmont.
  Mesdemoiselles Toutain, Tassin, Villiers, Feneux, Genti, Dedieu, Carabin, Cretin.
*Pas de deux :* M. Petipa, mademoiselle Fabre.
  M. Charansonnet, maître de cérémonie.
*Les marquis :* MM. Duhamel 1<sup>er</sup>, Raimon, Michalet, Barbier, Navarre, Caron, Cimetière, Duhamel 2<sup>e</sup>, Maupérin 2<sup>e</sup>.
  Mesdemoiselles Zoé, Jourdain, Nella, Heckmann 3<sup>e</sup>, Gondard, Poussin, Inemer, Lamy, Bogdanoff, Cretin.
*Suite :* Mesmoiselles Domange, Guimard, Simon, Ader, Gondard, Salomon, Lefèvre, Loyer, Durand, Beffort, Martin, Dujardins, Lévy, Minne, Mathé, Jourdan, Laurent, Albertine, Alvarez, Hénecart, Heckmann 2<sup>e</sup>, Danfeld, Rouvier, Gaujelin, Révolte, Adèle, Vibon, Pajet, Maria Jourdain, Lescard, Dehaspe, Descamps, Mignard, Brunache, Motteux, Lebaigle, Boyer, Sara, Jolly.
MM. Millot, Levavasseur, Carré, Darcourt, Fanzago, Pluque, Sciot, Lefèvre, Faucher, Bion, Petit, François, François.

# ZERLINE

OU

# LA CORBEILLE D'ORANGES.

OPÉRA EN 3 ACTES.

PAROLES DE

## M. EUGÈNE SCRIBE,
De l'Académie Française.

MUSIQUE DE

## D. F. E. AUBER,
MEMBRE DE L'INSTITUT.

 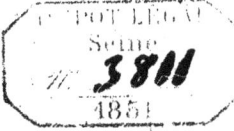

Représenté pour la première fois à Paris sur le théâtre de l'Opéra,

**LE VENDREDI 16 MAI 1851.**

---

PARIS.

**BRANDUS ET C**ie**, ÉDITEURS,**
RUE RICHELIEU.

MADAME VEUVE JONAS,
Libraire de l'Opéra.

1851

| PERSONNAGES. | ACTEURS. |
|---|---|
| LE PRINCE DE ROCCANERA, ministre du roi de Sicile. | M. MERLY. |
| LA PRINCESSE SA FEMME. | M<sup>lle</sup> DAMERON. |
| GEMMA, leur nièce. | M<sup>lle</sup> NAU. |
| LE MARQUIS DE BUTTURA, cousin du roi. | M. LYONS. |
| RODOLFE, officier de marine | M. AIMÈS. |
| ZERLINE, marchande d'oranges. | M<sup>lle</sup> ALBONI. |

MATELOTS, GENS DU PORT, LAZZARONI.

HOMMES ET FEMMES DU PEUPLE.

MARCHANDES DE FLEURS ET DE FRUITS.

SEIGNEURS ET DAMES DE LA COUR.

(La scène se passe à Palerme, en Sicile).

## CHANT.

**Coryphées** { M<sup>es</sup> Montellier, Printems.
MM. Chazotte, Donzel, Hens, Goyon, Noir.

**Premiers dessus.** — M<sup>es</sup> Montellier, Sèvres, Guillaumot, Proche, Morlot, Garrido, Adam, Berger, Lemarre, Marcus, Albertini, Desgranges, Octavie, Mariette, Jobert, Prély, Leclair, Hirschler, Courtois, Odot, Rémy, Garde, Bertin.

**Seconds dessus.** — M<sup>es</sup> De Busigne, Baron, Tuffeaut, Jacques, Estivin, Tissier, Villers, Vaillant, Gheringhelli, Colomb, Charpentier, Gouffier, Vigié, Monet, Moreau, Blanche, Bournay.

**Enfants** — Baylac, Crisy, Berger, Jorris, Beaumont, Guidon, Hirschler, Lejeune, Patou.

**Premiers ténors.** — MM. Schneider, Louvergne, Caraman, Cresson, Desdet, Bresnu, Laissement, Pérez, La Forge, Renard, Picardat, Gousson.

**Seconds ténors.** — MM. Robert, Foy, Soros, Olen, Marin, Laborde, Couteau, Cajani, Dauger.

**Premières basses.** — MM. Noir, Montmaud, Hano, Canaple, Beaucourt, Cazaux, Hennon.

**Secondes basses.** — MM. Georget, Mouret, Beziat, Poppé, Eugène, Boussagol, Marjollet, Barberteguy, Doutreleau, Menoud, Esmery.

# ZERLINE

## OU

## LA CORBEILLE D'ORANGES.

## ACTE PREMIER.

Le théâtre représente une place donnant sur le port de Palerme. On aperçoit au fond la mer. A droite, la porte d'un palais : on y monte par plusieurs marches. A gauche, une rue. Sur les premiers plans, à droite et à gauche, se tient la halle aux fruits. Des masses de figues, de raisins, de pêches, de cédrats, sont placés en amphithéâtre. Devant chaque étalage se tient une marchaude, vêtue du costume sicilien. Des Lazzaroni sont couchés à terre, au milieu de la place. Les uns dorment, les autres, étendus sur le dos, mangent des macaronis.

### SCÈNE I<sup>re</sup>.

CHOEUR de Lazzaroni.

Sur cette rive
Qui nous captive
L'air est plus pur ;
L'onde muette
Au loin reflète
Un ciel d'azur.
C'est la paresse
Enchanteresse
Qui rend heureux,
Et ne rien faire
Est sur la terre
Rêver les cieux !

CHOEUR des femmes.

Quand vos femmes sont à l'ouvrage
Et s'occupent de leurs travaux,
Pouvez-vous bien sur ce rivage
Vous livrer encore au repos ?

CHOEUR des hommes.

Sans que nul souci nous assiège,
Savourer le macaroni,

C'est notre plus beau privilége,
A nous autres Lazzaroni !

CHOEUR de Lazzaroni.

Sur cette rive
Qui nous captive
L'air est plus pur ;
L'onde muette
Au loin reflète
Un ciel d'azur.
C'est la paresse
Enchanteresse
Qui rend heureux,
Et ne rien faire
Est sur la terre
Rêver les cieux !

CHOEUR des femmes.

Quand vos femmes sont à l'ouvrage
Et s'occupent de leurs travaux
Pouvez-vous bien sur ce rivage
Vous livrer encore au repos ?

Fainéants, reprenez vos travaux.

## SCÈNE II.

LES PRÉCÉDENTS, le prince de ROCCANERA descendant les marches du palais à droite.

CHŒUR des hommes.
On descend du palais !.... silence !

CHŒUR des femmes.
Oui vraiment, c'est son excellence
Roccanera ! le ministre, je croi.....

CHŒUR des hommes.
Le beau-frère de notre roi !

CHŒUR des femmes.
Quel air sombre !

CHŒUR des hommes.
On vous dit que c'est une excellence,
Un ministre !

ROCCANERA.

*RÉCITATIF.*

Ah ! je n'y puis tenir,
C'est à mettre en fureur les sages de la Grèce !
Et j'allais oublier que ma femme est princesse ;
De ce palais maudit j'ai bien fait de sortir !

*AIR.*

Dans un jour fatal et sinistre,
Où Satan s'empara de moi,
J'épousai, pour être ministre,
La sœur du roi !

S'allier au sang royal
Ah quel honneur fatal !
Quand, au dehors, tout m'est soumis,
Je suis esclave au logis.
Aller, venir,
Courir,
Au moindre caprice obéir !

Et les migraines, les vapeurs,
La jalousie et ses fureurs,
Et n'oser se venger !
N'oser même y songer.

Pauvre époux ! tremble sous sa loi,
Et tais-toi !
Car, hélas ! c'est la sœur du roi.
Sans pouvoir te venger, tais-toi,
Car c'est la sœur du roi.

*CAVATINE.*

O compagne de ma jeunesse,
Toi qui reçus mes premiers vœux,
Toi, dont je regrette sans cesse
La douce voix et les beaux yeux ;

Au sein même de ma puissance
Je t'aime et t'appelle toujours.
Reviens par ta présence
Rends-moi mes beaux jours,
Et mes seules amours.

Et depuis quinze ans disparue,
Zerline qu'es-tu devenue ?
Il ne me reste rien de toi,
Que la fille que j'idolâtre,
Et que, sous l'œil d'une marâtre,
J'élève, en oncle, auprès de moi.

O compagne de ma jeunesse,
Etc.

CHŒUR des gens du peuple sur la jetée.
Un navire marchand, qui, dans le port, fait halte.

Un lazzarone.
Un beau navire ! avec le pavillon de Malte !
Et même il porte, autant qu'on peut le voir d'ici,
Un chargement des plus étranges,
Une cargaison d'oranges !...

CHŒUR.
Aux bords siciliens qu'il soit bien accueilli !

Le vaisseau aborde. Roccanera s'éloigne par la gauche. Des matelots descendent du navire et s'occupent de décharger, sur le port, les diverses marchandises.

## SCÈNE III.

LES PRÉCÉDENTS, ZERLINE.

ZERLINE, descendant du vaisseau et s'avançant sur la plage, qu'elle regarde quelque temps en silence et avec émotion.

*AIR :*

O Palerme ! O Sicile !
Beau ciel, plaine fertile
Mes amours d'autrefois !
O campagnes chéries
Par moi, soyez bénies,
Enfin je vous revois !

A mon retour de la rive lointaine,
Qui me rendra ce que j'aimais ?
Aucune voix ne répond à la mienne,
Et nul ne reconnaît mes traits.
Mais moi, moi je vous reconnais...

O Palerme ! O Sicile !
Beau ciel, plaine fertile,
Souvenirs d'autrefois.
O campagnes chéries,
Par moi soyez bénies,
Enfin je vous revois !

*CABALETTE.*

Oui, sur ce rivage,
Quand après l'orage

# ACTE I.

Un heureux destin
Me ramène enfin,
Riante pensée
En moi s'est glissée.
Et je sens mon cœur
Battre de bonheur !

O ma fille !... O trésor, pour qui j'ai voulu vivre,
Où te trouver hélas ?
Inspire-moi, mon Dieu ! Ta voix que je dois suivre
Dirigera mes pas.

Oui, sur ce rivage,
Quand, après l'orage,
Un heureux destin
Me ramène enfin,
Riante pensée
En moi s'est glissée,
Et je sens mon cœur
Battre de bonheur !

Pendant l'air précédent, plusieurs matelots ont débarqué de grands paniers d'oranges, qu'ils ont placés à la gauche du théâtre. Ils s'éloignent, et Zerline se place, comme les autres marchandes, au milieu de ses paniers rangés en amphithéâtre.

PLUSIEURS MARCHANDES et femmes du peuple s'approchant de Zerline.

En ces lieux que prétends-tu faire ?

ZERLINE.

M'établir, et vendre ces fruits !

LES FEMMES.

Nous ne souffrons point d'étrangère !

ZERLINE.

Mais je suis née en ce pays !

LES FEMMES.

Oser nous faire concurrence.
Va-t-en, ou crains notre courroux.

ZERLINE.

Sur le pavé du roi, je pense,
Chacun peut vivre comme vous !

CHŒUR, menaçant Zerline.

Cet excès d'insolence
Ne peut se supporter.
Nous faire concurrence,
Venir nous insulter !
Qu'une pareille audace
Soit punie à l'instant.
De ces lieux qu'on la chasse.
Va-t-en, va-t-en, va-t-en !

Les femmes du peuple et les Lazzaroni qui sont accourus à leurs voix ont entouré Zerline, qu'ils menacent, et qu'ils veulent chasser de la place.

## SCÈNE IV.

LES PRÉCÉDENTS, RODOLFE, paraissant au milieu d'eux et prenant Zerline par la main.

RODOLFE.

Arrêtez !... Pourquoi donc maltraiter cette femme ?...

LES FEMMES et les LAZZARONI.

De quoi se mêle, ici, ce petit officier ?

RODOLFE, montrant Zerline.

De prendre sa défense et de vous défier.

ZERLINE.

Cœur généreux !

LE LAZZARONI, montrant Rodolfe.

Quel beau zèle l'enflamme ?
S'avançant près de lui et le menaçant.
C'est nous qui pourrions bien ici te châtier !

ENSEMBLE.

Cet excès d'insolence
Ne peut se supporter.
Nous faire concurrence,
Oser nous insulter.
Qu'une pareille audace
Soit punie à l'instant.
De ces lieux qu'on la chasse.
Va-t-en, va-t-en, va-t-en !

Les femmes ont excité les Lazzaroni qui, à la fin de cet ensemble, se sont élancés contre Rodolfe et Zerline, en levant sur eux leurs bâtons ; mais Rodolfe tire son épée. Les Lazzaroni se hâtent de fuir, en un instant, ils ont tous disparu. Il ne reste plus en scène que Rodolfe, Zerline et quelques marchandes, qui sont remontées sur leur siége.

## SCÈNE V.

ZERLINE, RODOLFE.

RODOLFE.

Criards et fanfarons, en vrais lazzaroni,
A l'aspect d'une épée, à l'instant ils ont fui !

ZERLINE.

O mon sauveur !

RODOLFE.

Quel est ton nom ?

ZERLINE.

Zerline.

RODOLFE.

Et ton pays ?

ZERLINE.

La montagne voisine.

Depuis quinze ans, esclave au rivage africain...

RODOLFE.

Comment ?

ZERLINE.

Fille des champs, gaîment un beau matin,
Et le long de la mer, j'accourais à la ville
Vendre mes oranges !... Soudain
Un corsaire au cœur inhumain
M'enlève !... Et loin de la Sicile,
Loin de mon pauvre enfant, que de maux j'ai soufferts !

RODOLFE.

Pauvre femme !

ZERLINE.

Le ciel enfin brisa mes fers.
Et de quelque peu d'or, gagné dans l'esclavage,

A Malte, j'achetai ces corbeilles de fruits
Pour vivre, en les vendant ici, comme jadis...
Quand vous êtes venu me soustraire à leur rage.

RODOLFE, apercevant des officiers et inspecteurs du marché auxquels il recommande Zerline.

Ne crains rien, désormais on veillera sur toi!

ZERLINE.

Eh! qui donc êtes-vous?

RODOLFE.
    Simple officier du roi!

ZERLINE.

Que le ciel à mes maux sensible,
Vous donne le bonheur!

RODOLFE.
    Le mien n'est plus possible!
Adieu!

Il lui serre la main et s'éloigne.

## SCÈNE VI.

ZERLINE (le suivant des yeux).

Pauvre jeune homme! hélas il soupirait!
Ah! pour lui la fortune est sans doute cruelle!
Quel dommage, mon Dieu!.. si ma fille vivait,
Voilà l'époux que je voudrais pour elle!
  Avec douleur.
Hélas!.. vit-elle encore? et pourquoi non?
Ma fille!.. rien qu'en prononçant ce nom,
Un espoir inconnu réjouit tout mon être,
Et je sens mon bonheur et ma gaîté renaître!

*CANZONNETTA.*

 Achetez mes belles oranges,
 Des fruits divins, des fruits exquis,
 Des oranges comme les anges
 N'en goûtent pas en paradis!

 Plus précieuse que la rose,
 Plus que la fleur à peine éclose
 Charmant le goût et l'odorat;
 Voyez quel parfum, quel éclat!
 Ah! c'était là, je le suppose,
 Le fruit défendu, pour lequel
 Ève jadis perdit le ciel!

 Achetez mes belles oranges,
 Des fruits si doux, des fruits exquis!
 Des oranges comme les anges
 N'en goûtent pas en paradis!

Plusieurs dames, suivies de leurs valets ou de leurs pages, traversent en ce moment la place, se dirigent vers la gauche.

ZERLINE.

Mais voici l'heure, au rendez-vous fidèles,
 Si j'en ai bien gardé le souvenir,
 Où les dames nobles et belles,
Pour se montrer au Corso, vont venir!

Paraît la princesse.

Quelque duchesse ou princesse s'avance,
Si j'en crois sa démarche. — Eh! mais quel air rêveur!
A ses amours peut-être... elle rêve!.. — Eh je pense
Avoir deviné juste! — Un petit serviteur,
Un esclave moresque, et l'aborde, et lui donne
Billet mystérieux!... — Serait-ce un billet doux?

LA PRINCESSE, (ouvrant le billet que le petit esclave nègre vient de lui donner).

De la part du marquis!
  Elle lit vivement.

ZERLINE (regardant toujours).
   C'est quelque rendez-vous?
— On déchire, sans colère,
La missive. — C'est bien! mais on en jette à terre
 Les morceaux. — C'est imprudent!
 Eh oui, vraiment!
 Voyant la princesse qui s'avance vers elle.
 Achetez! achetez mes belles oranges,
 Des fruits si doux, des fruits exquis,
 Des oranges comme les anges
 N'en goûtent pas en paradis!

LA PRINCESSE (qui s'est approchée de Zerline, regarde ses oranges et dit à part):

Oui... je vais trouver là le signal convenu!

Elle prend, d'un air préoccupé, une orange dans la corbeille que Zerline lui présente, et dit, en lui donnant une pièce d'or:

Tenez...

ZERLINE (regardant dans sa main).

Ne prendre qu'une orange,
Et me donner de l'or... oui, de l'or en échange?..

LA PRINCESSE (s'adressant au petit nègre, en lui remettant l'orange).

Ce soir... à son retour de la chasse... entends-tu?

L'esclave nègre fait signe qu'il comprend, et disparaît, en courant, par la droite.

ZERLINE (le regardant sortir).

C'est quelque rendez-vous... quelque signal, je gage!
 Regardant la princesse, qui s'est éloignée par la gauche.
Je la vois qui s'élance en un riche équipage!
 Regardant à terre.
Et si je rassemblais tous ces morceaux épars
 Qui s'offrent à mes regards!..

Elle ramasse et réunit les quatre morceaux de la lettre déchirée, et lit.

« Si de me voir ce soir vous m'accordez la grâce,
 » Renvoyez-moi, par le porteur,
 » A mon retour de la chasse
 » Soit un fruit,... soit une fleur! »
 Souriant.
Allons!.. rien n'est changé!.. les dames, je le vois,
Sont toujours, en ces lieux, de même qu'autrefois!
 Reprenant gaîment sa chanson.
 Achetez! Achetez mes belles oranges
 Des fruits divins, des fruits exquis,
 Des oranges comme les anges
 N'en goûtent pas en paradis!

# ACTE I.

## SCÈNE VII.

LES PRÉCÉDENTS, GEMMA, qui vient de descendre les marches du palais. Elle s'avance suivie de deux de ses femmes et s'arrête près de Zerline, dont elle écoute la chanson avec une émotion toujours croissante.

### DUO.

GEMMA.

Quel trouble en mon âme réveille
Un vague et lointain souvenir,
Qui retentit à mon oreille
Et me fait soudain tressaillir !

ZERLINE, se retournant et apercevant Gemma, qu'elle contemple avec surprise et émotion.

D'où vient qu'en mon âme s'éveille,
Un vague et lointain souvenir ?
Sa voix a charmé mon oreille
Son aspect me fait tressaillir !

GEMMA.
O sentiments étranges !

ZERLINE.
O souvenirs bien doux !

GEMMA.
Répondez, qui donc êtes-vous ?

ZERLINE.
Zerline... signora ! la marchande d'oranges !
Regardant Gemma.
Eh ! mais, qui vous émeut ainsi ?

GEMMA.
Cet air... celui
Que votre voix fredonnait tout à l'heure !
Lorsque j'étais enfant, et dans notre demeure,
Je l'entendais chanter tous les jours !

ZERLINE, vivement.
Et par qui ?

GEMMA.
Je ne sais !.. mais depuis, jamais à mon oreille
Cet air n'avait plus retenti !
Pour la première fois, je l'entends aujourd'hui
Et je l'ai reconnu !

ZERLINE, avec joie.
Quoi vraiment !

GEMMA.
A merveille !

ZERLINE, de même.
Vous le savez ?..

GEMMA.
Il me semble que oui !
Chantant.
« Achetez mes belles oranges
» Des fruits divins, des fruits exquis !
» Des oranges comme les anges
» N'en goûtent pas en paradis ! »

ZERLINE.
C'est cela même !.. Après ? après ?
En diriez-vous d'autres couplets ?

GEMMA, continuant, en cherchant à se rappeler le couplet.
« Daignez, daignez en faire emplette
» C'est une mère qui les vend !

ZERLINE, continuant.
» Achetez-en, pour qu'elle achète
» Un beau collier à son enfant !

GEMMA, de même.
» Un collier pour les jours de fête,
» Car voici venir la Saint-Jean ! »

ZERLINE.
C'est cela même ! Eh oui, vraiment !

### ENSEMBLE.

Achetez mes belles oranges
Des fruits divins, des fruits exquis !
Des oranges comme les anges
N'en goûtent pas en paradis !

ZERLINE, à part.
Cette chanson, aux rimes folles,
Dont moi seule, au hasard, composai les paroles
Quand je portais, jadis, ma fille entre mes bras !..
Regardant Gemma.
Serait-il vrai, mon Dieu ?.. ne me trompez-vous pas ?
O tourment ! O supplice !
O suprême délice !
En mon âme se glisse
Un espoir plein d'attraits.
Rends-moi, Dieu que j'implore,
La fille que j'adore ;
Que je la voie encore
Et que je meure après !

ZERLINE, timidement.
A votre tour, ma belle demoiselle,
Qui donc êtes-vous ?

GEMMA, étonnée.
Moi !

ZERLINE.
Pardonnez !

GEMMA.
Qui je suis ?
La nièce du ministre !...

ZERLINE, avec douleur et à part.
O ciel ! ce n'est pas elle !
La regardant.
Et puis ces beaux atours !... et ces riches habits !
Haut.
Ainsi vous êtes donc d'une illustre famille !

GEMMA, souriant.
Ma tante est sœur du roi !

ZERLINE, avec douleur.
Non, ce n'est pas cela !

GEMMA.
Et l'on m'appelle, ici, la princesse Gemma !

ZERLINE, hors d'elle et à part.

Gemma!... Gemma!... c'est le nom de ma fille!
Le nom que je donnai moi-même à mon enfant!
Ma perle!... mon trésor!... Gemma! mais oui vrai-
[ment!
Gemma,... Gemma, disais-je en l'embrassant.
   O tourment! ô supplice!
   O suprême délice!
   En mon âme se glisse
   Un espoir plein d'attraits.
   Rends-moi, Dieu que j'implore,
   La fille que j'adore,
   Que je l'embrasse encore
   Et que je meure après!
Ce nom... ces yeux.. ces traits.. je n'y puis résister..

*S'élançant vers Gemma qui, dans ce moment, a remonté le théâtre.*

Ma fille... (S'arrêtant.) O ciel!... on vient!

## SCÈNE VIII.

### FINAL.

LES PRÉCÉDENTS, le prince de ROCCANERA, le marquis de BUTTURA, SEIGNEURS qui les entourent et qui sont en habits de chasse; RODOLPHE et des dames de la cour qui, à la fin de la scène précédente, ont été saluer Gemma et sont restées près d'elle.

ROCCANERA, au marquis.

      Eh! non, marquis, de grâce!
Vous partirez plus tard, s'il le faut, pour la chasse!
A ma nièce, d'abord, je veux vous présenter!

GEMMA, bas à Zerline, dont elle s'éloigne.
Mon oncle le ministre!

ZERLINE, à part et regardant de loin Roccanera, dont elle est séparée par un groupe de dames et de seigneurs.

      O surprise nouvelle!
Malgré l'âge et le temps, mon cœur me le rappelle!
Simple officier jadis... et sans fortune... lui
Devenu grand seigneur et ministre aujourd'hui!

ROCCANERA, s'adressant à Gemma, en lui présentant le marquis.
Voici, ma chère nièce...

ZERLINE, à part, avec étonnement.
      Ah! ce n'est plus sa fille!

ROCCANERA.
Un jeune et beau marquis, cousin de notre roi,
Qui réclame l'honneur d'entrer dans ma famille!

RODOLPHE, qui s'est rapproché.
Qu'entends-je? O ciel!...

ZERLINE, à part.
      Un beau marquis!... et moi
J'allais, pauvre insensée, en la nommant ma fille,
Lui ravir sa fortune, et son titre et son rang!
Non, non, plutôt jamais n'embrasser mon enfant!

RODOLPHE, à part.
Un autre obtient sa main! o mortelles alarmes!

ZERLINE.
Je me tairai!.. Qu'elle ignore mes larmes,
Pourvu qu'hélas! je sache son bonheur!

ZERLINE.
C'est ma fille! qu'elle est belle!
Mais tais-toi! tais-toi, mon cœur!
Qu'à leurs yeux rien ne révèle
Mon ivresse et ma douleur!

ROCCANERA.
Ah! quelle gloire nouvelle,
Et pour moi quelle faveur!
A leurs yeux que tout révèle
Ma puissance et ma grandeur!

RODOLPHE.
Ah! quelle peine cruelle!
J'ai perdu tout mon bonheur!
Qu'à leurs yeux rien ne révèle
Et ma peine et ma fureur!

LE MARQUIS, regardant Gemma.
Oui, d'honneur, elle est fort belle,
Et j'espère, heureux vainqueur,
Bientôt me faire aimer d'elle
Et triompher de son cœur!

GEMMA, regardant Rodolfe.
Ah! quelle peine mortelle
Donner sa main sans son cœur!
Qu'à leurs yeux rien ne révèle
Mon amour et ma douleur!

LE CHŒUR, regardant Roccanera.
Ah! quelle gloire nouvelle,
Et pour lui quelle faveur!
En ce séjour, tout révèle
Sa puissance et sa grandeur!

} ENSEMBLE.

ZERLINE, s'avançant près de Gemma, et lui faisant la révérence.
Hélas! la pauvre marchande,
O princesse, vous demande
Pour elle faveur bien grande!

GEMMA.
Quelle est-elle?

ZERLINE.
      Je voudrais
Fournir d'oranges, le palais,
Et par ainsi tous les matins...

GEMMA, voyant qu'elle hésite.
      Après?

## ACTE I.

ZERLINE.
Vous en porter une corbeille,
Si cela toutefois vous convient.
GEMMA.
A merveille !
J'y consens de grand cœur, et puis nous redirons,
Toutes les deux, nos anciennes chansons !

ZERLINE.
C'est ma fille ! qu'elle est belle !
Mais tais-toi, tais-toi, mon cœur !
Qu'à leurs yeux rien ne révèle
Mon ivresse et ma douleur !

ROCCANERA.
Ah ! quelle gloire nouvelle,
Et pour moi quelle faveur !
A leurs yeux que tout révèle
Ma puissance et ma grandeur !

ENSEMBLE.

RODOLFE.
Ah ! quelle peine cruelle !
J'ai perdu tout mon bonheur !
Qu'à leurs yeux rien ne révèle
Et ma peine et ma faveur !

LE MARQUIS, regardant Gemma.
Oui, d'honneur, elle est fort belle,
Et j'espère, heureux vainqueur,
Bientôt me faire aimer d'elle,
Et triompher de son cœur !

GEMMA.
Ah ! quelle peine mortelle !
Donner ma main sans mon cœur !
Qu'à leurs yeux rien ne révèle
Mon amour et ma douleur !

ENSEMBLE.

FIN DU PREMIER ACTE.

# ACTE DEUXIÈME.

Le théâtre représente un petit salon riche et élégant, dans le palais du roi. Au fond, plusieurs portes vitrées et donnant sur des jardins. Entre chaque croisée, des tableaux. Le tableau du milieu, faisant face au spectateur, représente le portrait en pied d'une jeune paysanne sicilienne, tenant sur sa tête une corbeille d'oranges. A droite et à gauche, une porte donnant sur d'autres appartements.

## SCÈNE I<sup>re</sup>.

GEMMA, seule, assise près d'une table à droite et se levant.

#### RÉCITATIF.

Quand l'âme indifférente à nul ne s'est donnée,
Quand nul espoir d'amour n'embellit l'avenir,
Aux ordres des parents, victime résignée,
    Il est facile d'obéir.

#### CANTABILE.

  Mais lorsqu'en notre âme
  Un rayon de flamme
  S'est glissé d'abord,
  Ah ! l'obéissance
  N'est plus que souffrance,
  Mieux vaudrait la mort !

  Rêves de jeunesse
  Rêves pleins d'ivresse,
  Brillaient à mes yeux.
  On vient les proscrire,
  Et l'on vient me dire :
  Formez d'autres vœux !

  Oui, lorsqu'en notre âme
  L'amour et sa flamme
  Ont brillé d'abord,
  Ah ! l'obéissance
  N'est plus que souffrance,
  Mieux vaudrait la mort !

#### CAVATINE.

  O toi, qui n'oses
  M'ouvrir ton cœur,
  Toi qui disposes
  De mon bonheur,
  Que nul n'apprenne,
  Pas même toi,
  Toute ma peine
  Et mon effroi
  Sous un joyeux sourire
  Cachons bien mes tourments,
  Que nul ne puisse lire
  Le trouble de mes sens !
  O toi, qui n'oses
  M'ouvrir ton cœur,
  Toi qui disposes
  De mon bonheur,
  Que nul n'apprenne,
  Pas même toi,
  Toute ma peine
  Et mon effroi !
Dans le fond de mon cœur
Renfermons ma douleur !

## SCÈNE II.

GEMMA, ZERLINE, entrant par la porte du fond, tenant à la main une corbeille d'oranges.

ZERLINE, timidement.

C'est moi... moi qui, fidèle à vos ordres, madame,
    Viens vous apporter ce matin...
              Montrant sa corbeille.

GEMMA, qui vient de se rasseoir près de la table à droite.

C'est bien, un autre soin m'occupe et me réclame !

ZERLINE.

Doit-on dans un palais connaître le chagrin ?
Et de vos yeux pourtant je vois couler des larmes !

GEMMA, lui faisant signe de la main de se retirer.

Porte ces fruits dans la pièce à côté.

ZERLINE, faisant quelques pas.

J'y vais, altesse...
              Revenant avec inquiétude.
      Mais qui cause vos alarmes ?

GEMMA, avec impatience.

Va, te dis-je !

ZERLINE.

Pardon de ma témérité !
                  A part.

## ACTE II.

Dans cette royale demeure,
Je consens, pauvre mère, à perdre mon enfant
Pour qu'elle y soit heureuse et non pour qu'elle y
[pleure !]
Où sinon je reprends mes droits !
*Regardant vers le fond.*
Eh ! mais vraiment
Ne me trompé-je pas ?

### SCÈNE III.

ZERLINE, RODOLFE, GEMMA.

RODOLFE, *voyant Zerline qui vient au-devant de lui.*
Ma belle protégée...
ZERLINE.
Vous qui m'avez hier défendue et vengée...
RODOLFE, *à demi-voix.*
Laisse-nous !
GEMMA, *qui s'est levée et qui vient d'apercevoir Rodolfe, dit à Zerline.*
Laisse-nous !
*Voyant qu'elle hésite.*
Eh oui !
ZERLINE.
C'est singulier !
Ils s'entendent tous deux... et pour me renvoyer !
*A demi-voix, à Rodolfe.*
Ne puis-je rien pour vous ?
RODOLFE, *de même.*
Partir !
ZERLINE, *se dirigeant vers la porte à gauche et emportant sa corbeille d'oranges.*
Obéissons !
*En souriant.*
Mais ne pouvant rien voir, prudemment écoutons !
*Elle sort.*

### SCÈNE VI.

RODOLFE, GEMMA.

DUO.

RODOLFE, *respectueusement.*
Pour cet illustre mariage
Dont je vois les apprêts pompeux...
GEMMA, *avec dépit.*
Vous aussi, vous venez, je gage,
Comme eux tous, m'adresser vos vœux ?
RODOLFE, *tristement.*
Non, mais je viens à votre altesse
Adresser mes derniers adieux !
GEMMA, *avec émotion.*
Partir ! pourquoi ?
RODOLFE.
Pour fuir la douleur qui m'oppresse !
Je suis trop malheureux !

GEMMA, *vivement et avec reproche.*
Croyez-vous donc l'être seul ?..
RODOLFE, *avec joie.*
Ah ! grands Dieux !
Ah ! si vous pouviez lire,
En ce cœur où respire
Le plus ardent amour,
Vous verriez que ma vie
Par l'hymen qui vous lie
Se brise sans retour.
Vous verriez qu'il faut fuir
Hélas ! ou bien mourir !
GEMMA.
Ah ! si vous pouviez lire
En ce cœur où respire
Une amère douleur,
Vous verriez que ma vie
Est à jamais flétrie
Sous le poids du malheur ;
Vous verriez qu'obéir
Hélas, c'est mourir !
RODOLFE.
Simple officier et vous princesse !..
Tout m'interdit même l'espoir !
GEMMA.
Adieu bonheur !
RODOLFE.
Adieu tendresse !
GEMMA.
Il faut obéir au devoir !
RODOLFE.
Mais si vous pouviez lire
En ce cœur où respire
Le plus ardent amour !
Vous y verriez ma vie
Par l'hymen qui vous lie
Brisée et sans retour !
Vous verriez qu'il faut fuir
Hélas l'ou bien mourir !
GEMMA.
Ah si vous pouviez lire
En ce cœur où respire
Une amère douleur,
Vous verriez que ma vie
Est à jamais flétrie
Sous le poids du malheur !
Vous verriez qu'obéir
Hélas ! c'est mourir !

STRETTE DU DUO.
GEMMA.
L'honneur qui l'ordonne
Nous sépare, hélas !
RODOLFE.
A vous la couronne,
A moi le trépas !

*ENSEMBLE.*

GEMMA.
O douleur extrême !
RODOLFE.
O mortels regrets
Adieu ! vous que j'aime !
GEMMA.
Adieu pour jamais !
On vient ! éloignez-vous !
RODOLFE.
Me renvoyer déjà !
GEMMA.
Partez ; mais ma pensée en tous lieux vous suivra.

ENSEMBLE.

RODOLFE.
L'honneur, qui l'ordonne
Nous sépare, hélas !
A vous la couronne,
A moi le trépas !
O douleur extrême !
O mortels regrets !
Adieu ! vous que j'aime !
Adieu pour jamais !

GEMMA.
L'honneur qui l'ordonne
Nous sépare hélas !
Ma sainte patronne
Veille sur ses pas !
O douleur extrême !
Éternels regrets !
Adieu ! vous que j'aime !
Adieu pour jamais !

Rodolfe va s'éloigner par la porte du fond ; Zerline, qui sort de la porte à gauche, se place devant lui.

## SCÈNE V.

ZERLINE, RODOLFE, GEMMA.

ZERLINE, à Rodolfe.
Vous à qui je dois tout, restez... restez encor !
Un dévoûment si pur mérite un meilleur sort !
RODOLFE, étonné.
Que dit-elle ?
ZERLINE.
J'ai tout entendu !
RODOLFE.
Téméraire !
GEMMA, cachant sa tête dans ses mains.
Ah ! nous sommes perdus !
ZERLINE, passant entre deux.
Vous, perdus ! au contraire ;
Les prenant tous deux par la main.
Vous vous épouserez !
RODOLFE, étonné.
Comment ?

ZERLINE.
Je n'en sais rien !
Mais sur vous un pouvoir veille.
RODOLFE et GEMMA, vivement.
Et lequel ?
ZERLINE.
Le mien !

TRIO.
Qu'importent les obstacles ?
On les surmontera ;
Et s'il faut des miracles,
Pour vous on en fera !
Tout vous sera prospère,
C'est moi qui le promets !
A part, regardant Gemma.
Et le cœur d'une mère
Ne se trompe jamais !
RODOLFE.
Eh ! qui donc êtes-vous ?
GEMMA.
Parlez, ma bonne mère !
ZERLINE, à part avec émotion.
Sa mère !... à ce mot seul j'ai pensé me trahir !
Haut.
Votre mère ?... avez-vous gardé son souvenir ?
GEMMA.
J'étais trop jeune !... On dit qu'elle était noble !
ZERLINE.
Et fière !
Et dédaignant de vous nourrir,
On avait, pour ce soin, fait choix d'une étrangère.
C'était moi !
GEMMA, la serrant dans ses bras.
Vous !
ZERLINE.
Voilà d'où vient cette chanson
Que votre cœur, plus que votre raison,
Hier se rappelait !
GEMMA.
Vous ! ma seconde mère !
ZERLINE.
Moi, qui de la première
Ai conservé la tendresse et le cœur !
Voilà pourquoi je veux votre bonheur !
RODOLFE.
Qu'importent les obstacles ?
On les surmontera ;
Et s'il faut des miracles,
Pour nous elle en fera.
Oui, le destin prospère
Comblera ses souhaits !
Regardant Gemma.
L'amour, en qui j'espère,
Ne nous trompe jamais !

ENSEMBLE.

## ACTE II.

ZERLINE.
Qu'importent les obstacles?
On les surmontera;
Et s'il faut des miracles,
Pour vous on en fera.
Tout vous sera prospère,
C'est moi qui le promets!
*A part.*
Et le cœur d'une mère
Ne se trompe jamais!

GEMMA.
Qu'importent les obstacles?
On les surmontera;
Et s'il faut des miracles,
Pour nous elle en fera.
Oui, le destin prospère
Comblera mes souhaits!
*Regardant Rodolphe.*
L'amour, en qui j'espère,
Ne nous trompe jamais!

ENSEMBLE.

ZERLINE, *regardant avec émotion le tableau qui est entre les deux portes vitrées du milieu, et qui représente une femme portant une corbeille d'oranges, dit à part.*

Ce tableau... c'était moi!! merci, mon Dieu!... l'absence
N'a donc pas de son cœur banni ma souvenance!

RODOLFE, *qui a remonté vers le fond, et regarde dans les jardins.*
Le ministre!

GEMMA.
Mon oncle!

ZERLINE.
Alors, éloignons-nous?
Oui, vraiment..... évitez sa vue?
Car il faut avant tout qu'il ait une entrevue.....

GEMMA.
Avec qui donc?

ZERLINE.
Avec moi!

GEMMA.
Mais pourquoi?

ZERLINE.
Pour vous!

ENSEMBLE.
*A demi-voix.*
Bonne espérance
Et confiance,
Tout doit, je pense,
Nous réussir!
De ma } baguette,
De sa }
La vertu secrète,
Que rien n'arrête,
Va vous } unir.
Va nous }

RODOLFE, *regardant vers le fond.*
Il s'avance!

GEMMA, *de même.*
Il s'approche!

ZERLINE, *à part.*
C'est lui-même... et d'effroi
Je sens mon âme émue!
*Haut, aux deux jeunes gens.*
Allez! croyez-en moi!

RODOLFE et GEMMA.
Bonne espérance,
Et confiance!
Tout doit, je pense,
Nous réussir!
De sa baguette,
La vertu secrète,
Que rien n'arrête,
Va nous unir!

ZERLINE.
Bonne espérance,
Et confiance!
Tout doit, je pense,
Nous réussir!
Et ma baguette,
Vertu secrète,
Que rien n'arrête,
Va vous unir!

ENSEMBLE.

(*Gemma et Zerline sortent par la porte de droite, et Rodolfe par la porte vitrée qui donne sur les jardins.*)

## SCÈNE VI.

ROCCANERA, *seul, entrant en rêvant par la porte de gauche.*

Oui, ma femme le veut; argument sans réplique
Qui dit tout et n'admet aucune autre raison!
Pas même le droit de supplique!
Qui pourrait dire oui! quand ma femme dit non?
Et ma nièce (*baissant la voix*), ou plutôt la fille qui
[m'est chère]
Forcée, ainsi que nous, d'obéir à sa loi,
Épousera demain... Qui? Le cousin du roi!
Seigneur puissant et fat qui ne saurait lui plaire!
Mais ma femme le veut!!!
*Regardant le tableau qui est au fond du théâtre.*
Toi, dont le souvenir
Rappelle à mon hiver les jours de ma jeunesse,
Tu n'étais pas ainsi, ma charmante maîtresse!
Nous commandions tous deux! ou plutôt le plaisir
Commandait seul! aussi quand tu devais venir
Lorsque de loin ta voix enchanteresse
Donnait le signal convenu...

*On entend en dehors Zerline chantant l'air: Achetez mes belles oranges.*

O ciel! qu'ai-je entendu?...
Est-ce une erreur! Eh non... nulle autre, j'imagine
N'eut jamais le pouvoir de cette voix divine!

## SCÈNE VII.

ROCCANERA, s'élançant vers la porte à droite.
ZERLINE s'offrant tout à coup à ses yeux et portant à son bras une corbeille d'oranges.

ROCCANERA, frappé d'étonnement.
Zerline ! Zerline !

ZERLINE, souriant.
Zerline !... un peu changée !

ROCCANERA.
Et moi de même... hélas !

ZERLINE.
Changés ! Qu'importe ? Si nos cœurs ne le sont pas !

ENSEMBLE.
Ah ! quel bonheur j'éprouve !
C'est toi que je revois,
Et par toi je retrouve
Mes beaux jours d'autrefois !

ZERLINE.
Je viens de voir... Ah ! quelle ivresse,
Notre fille !

ROCCANERA, effrayé.
Tais-toi !

ZERLINE.
Vainement tu prétends
La couvrir d'or, de diamants,
Et la déguiser en princesse ;
On ne saurait tromper mes yeux à moi !

ROCCANERA, regardant autour de lui.
Si l'on nous entendait, ô mortelles alarmes !

ZERLINE.
Peu m'importe l'éclat qui brille autour de toi,
Je ne l'ai pas vu.... mais j'ai vu ses larmes,
J'ai vu pleurer ma fille, et tu sauras pourquoi.
Dans ton autorité jalouse
Tu prétends lui donner un mari qu'elle hait ;
Et moi je prétends qu'elle épouse
Un jeune et bel officier qui lui plaît !

ROCCANERA.
Doux rêve d'une mère,
Inutile désir,
Vaine et folle chimère
Qui ne peut s'accomplir.

1er COUPLET.
ZERLINE.
Souviens-toi de nos heureux jours,
Du temps si doux de nos amours,
De ce temps d'éternels regrets
Qui fuit si vite et pour jamais.
Tu disais que sceptre et grandeur
Pour toi ne valaient pas mon cœur !
Tu disais qu'un regard de moi
Te rendait plus heureux qu'un roi.
Ces amants, que mon cœur défend,
Sans doute, en disent tout autant ;
Et, malgré les destins jaloux,
Ils s'aiment aussi comme nous.
Pitié, pitié pour eux
Car ils sont malheureux,
Comme, hélas, nous l'étions tous deux.

2e COUPLET.
Souviens-toi qu'alors, bien souvent,
Au bord des flots, le soir, rêvant,
Nous jurions, en suivant leurs cours,
D'unir, comme eux, toujours
Nos jours.
Serments que le ciel a reçus,
Et que seule, hélas, j'ai tenus,
Souvenir, que j'implore ici,
Serez-vous sans pouvoir sur lui ?
Non, ton cœur entendra mes vœux,
Sinon pour moi, du moins pour eux,
Car, malgré les destins jaloux,
Ils s'aiment déjà comme nous.
Pitié, pitié pour eux,
Car ils sont malheureux
Comme, hélas, nous l'étions nous deux.

ROCCANERA.
La tendresse t'égare
Renonce à tes projets ;
Le destin les sépare,
Hélas, et pour jamais.

ZERLINE (avec chaleur).
Si tu m'accordes ma prière,
Jamais Gemma ne connaîtra sa mère !
Jamais je ne l'embrasserai,
Jamais je ne lui dirai : [plus encore ?]
« Ma fille ! » (Voyant qu'il hésite) Eh bien.... te faut-il
Mon seul bien, l'enfant que j'adore,
Je ne la verrai plus loin d'elle, de nouveau
J'irai traîner une vie odieuse !
L'exil pour moi, l'exil jusqu'au tombeau,
Pourvu que Gemma soit heureuse !
Mais... mais....

ZERLINE.
Je le veux, je le veux
Et ton cœur généreux
Doit m'entendre
Et comprendre
Ma douleur et mes vœux.
Oui, ma voix,
Je le vois,
T'émeut comme autrefois,
Et ton cœur va me rendre
Et ma fille et mes droits.

ROCCANERA.
Je ne peux, je ne peux ;
Un pouvoir odieux
Me défend de t'entendre
Et repousse tes vœux.

## ACTE II.

**ENSEMBLE.**

Je le sens, oui, ta voix
M'émeut comme autrefois :
Mais je ne peux te rendre
Ton enfant ni tes droits.

ROCCANERA, *avec embarras.*

Pardonne-moi... je le voudrais...
Mais...

ZERLINE.

Mais...

ROCCANERA.

Des motifs tout puissants, des obstacles étranges...

ZERLINE, *avec ironie.*

Rodolfe l'officier est trop obscur, dit-on,

ROCCANERA, *vivement.*

Pour épouser Gemma, princesse d'un grand nom !

ZERLINE.

Mais il sera du moins d'assez bonne maison
Pour mon enfant, à moi, la marchande d'oranges

ROCCANERA, *effrayé.*

Que dis-tu ?

ZERLINE.

Que devant la cour en sa splendeur,
Devant ta femme...

ROCCANERA, *de même.*

O ciel ! ma femme la princesse !

ZERLINE.

Je prétends réclamer mon enfant... (*Avec ironie*) car [ta nièce...]

ROCCANERA.

Tais-toi !

ZERLINE.

Tu n'eus jamais de frère ni de sœur !

ROCCANERA.

Enlever à ta fille et titres et richesse !

ZERLINE.

Je lui donne en échange et tendresse et bonheur.
Décide-toi.

ROCCANERA.

**ENSEMBLE.**

Torture nouvelle.
Angoisse cruelle !
De deux lois, laquelle
Faut-il écouter ?
Puis-je de sa mère
Braver la colère ?
Que faire ? que faire ?
A quoi s'arrêter ?

ZERLINE, *le regardant en souriant.*

Torture nouvelle,
Angoisse mortelle !
Son âme rebelle
Voudrait résister ;
Mais moi, je suis mère,
Ma juste colère
Sur toi, téméraire,
Saura l'emporter !

ROCCANERA, *la suppliant.*

C'est ma femme ! Ce n'est pas moi
Qui veux ce fatal mariage !
Et ma femme est la sœur du roi !

ZERLINE.

De la braver n'as-tu pas le courage ?

ROCCANERA, *s'animant.*

Eh bien... je l'essaîrai !

ZERLINE.

Tu le jures ?

*Roccanera fait signe que oui.*

C'est bien.
Tiens ton serment... ou je tiendrai le mien !
Adieu....

ROCCANERA.

**ENSEMBLE.**

Torture nouvelle,
Angoisse mortelle!
De deux lois, laquelle
Faut-il écouter?
Braver sa colère,
Serment téméraire !
Que faire? que faire ?
A quoi m'arrêter ?

ZERLINE.

Torture nouvelle,
Angoisse mortelle!
Son âme rebelle
N'y peut résister !
Il craint d'une mère
La juste colère,
Et ce téméraire,
Je l'ai su dompter!

*Zerline sort par le fond, Roccanera par la porte à droite.*

FIN DU DEUXIÈME ACTE.

# ACTE TROISIÈME.

Les jardins du palais où tout est disposé pour le bal. — Des seigneurs et dames de la cour se promènent dans les allées ou sont assis.

## SCÈNE Iʳᵉ.

LA PRINCESSE, ROCCANERA, donnant des ordres à différents domestiques du palais.

CHOEUR.

Délices de la cour,
Princesse aimable et belle,
Pour orner ce séjour
Comptez sur notre zèle.
Le suprême plaisir
Est de vous obéir.

UNE MOITIÉ DU CHOEUR, à voix basse.

Vois donc quel air rêveur...

L'AUTRE MOITIÉ DU CHOEUR.

Ce sont mauvais présages.

PREMIÈRE MOITIÉ, de même.

Oui, toujours le temps sombre...

DEUXIÈME MOITIÉ.

Annonce les orages !

LA PRINCESSE.

Semez des fleurs et des feux tour à tour,
Que par des torrents de lumière,
La nuit rivalise le jour.

CHOEUR.

D'une princesse auguste chère
Par nos soins méritons l'amour,
A demi-voix.
Et surtout craignons sa colère...

CHOEUR.

Délices de la cour,
Princesse aimable et belle,
Pour orner ce séjour
Comptez sur notre zèle.
Le suprême plaisir
Est de vous obéir !

Ils sortent de différents côtés.

## SCÈNE II.

LA PRINCESSE, puis le prince de ROCCANERA.

LA PRINCESSE, à part, regardant autour d'elle.

Quoi ! pas encor revenu de la chasse !

ROCCANERA, entrant par la droite en rêvant.

Je l'ai promis ! allons un peu d'audace !

Apercevant sa femme et s'avançant timidement.

Madame, je voudrais...

LA PRINCESSE, à part et sans l'entendre.

Qui peut le retarder ?

ROCCANERA.

Madame... je voudrais...

LA PRINCESSE.

Quoi donc ?

ROCCANERA.

Vous demander
Au sujet de ce mariage...

LA PRINCESSE.

Eh bien ?..

ROCCANERA.

De ma nièce Gemma
Et du marquis de Buttura...

LA PRINCESSE.

Ne craignez rien ! Aucun orage
Ne saurait l'empêcher... Il aura lieu demain !

ROCCANERA.

Mais je voudrais avant...

LA PRINCESSE.

Demain dès le matin !

1ᵉʳ COUPLET.

Que rien ne vous inquiète,
Par mes soins j'ai tout prévu !
Ce soir, ce bal, cette fête,
Demain l'hymen convenu !
Mon frère, le roi lui-même,
Sans jamais répliquer, toujours cède à mes vœux !
Car il connaît mon système...
Je veux ce que je veux... parce que je le veux !

ROCCANERA.

Je le sais ! mais pourtant, à mon tour, je voudrais...

LA PRINCESSE.

Qu'à votre avancement cet hymen fût utile !
J'étais là, je veillais sur tous vos intérêts.
Le roi retourne à Naple, il quitte la Sicile ;
Mais avant son départ, et surtout en l'honneur
De cet hymen, objet de sa faveur,

# ACTE III.

2ᵉ COUPLET.

Il vous accorde une grâce,
Que vous ne devrez qu'à moi !
Vous régnerez à sa place,
Il vous nomme vice-roi !

*Geste de joie de Roccanera.*

Le roi mon frère, qui m'aime,
Sans jamais répliquer, toujours cède à mes vœux ;
Car il connaît mon système !...
Je veux ce que je veux, parce que je le veux !

ROCCANERA, *hors de lui.*

Vice-roi ! vice-roi ! J'ose à peine le croire !

LA PRINCESSE.

Nous irons dès ce soir remercier le roi !

*Sortant par la gauche.*

Je vous attends !

## SCÈNE III.

ROCCANERA, *seul.*

Est-il possible !... moi !
Vice-roi ! vice-roi ! Quel honneur ! quelle gloire !
Rien ne manque à la mienne !...

*Apercevant Zerline, qui est entrée par la droite.*

Ah ! qu'est-ce que je vois !
Funeste contre-temps ! position critique !

## SCÈNE IV.

ROCCANERA, ZERLINE.

ZERLINE, *entrant doucement.*

Vous venez de parler ?

ROCCANERA, *avec trouble.*

Oui, je viens d'attaquer
Bravement !

ZERLINE, *l'approuvant.*

C'est bien ; c'est la meilleure tactique !

*A demi-voix.*

Qu'a-t-on dit ?

ROCCANERA.

Rien encor !

*Avec finesse.*

La bonne politique
Est de savoir attendre et de ne rien risquer !
Attendons.

ZERLINE, *avec inquiétude.*

Mais pourtant

ROCCANERA.

Silence !
C'est le marquis Buttura qui s'avance !

*Bas, à Zerline.*

Laisse-nous !..

*Haut, en retournant vers le marquis.*

Vous, marquis !

*Zerline a l'air de s'éloigner, mais revient sur ses pas et écoute.*

## SCÈNE V.

LES PRÉCÉDENTS, LE MARQUIS.

LE MARQUIS.

J'arrive de la chasse,
Et je courais m'apprêter pour le bal.

ROCCANERA.

Voici l'heure !

LE MARQUIS, *s'adressant au prince et lui montrant un petit nègre qui s'avance.*

Pardon, c'est Adonis, mon page,
Qui me doit compte d'un message.

ZERLINE, *à part, observant le petit nègre.*

L'esclave noir, de ce matin,
Du billet de tantôt lui remet la réponse.
Cette orange ! qu'il vient de glisser en sa main !

LE MARQUIS, *à part, recevant l'orange de la main du petit nègre.*

Très bien ; ce message m'annonce
Qu'on m'attendra, pendant le bal, ce soir !

*Haut à Roccanera.*

Adieu, ministre habile et que chacun révère !

*Remontant le théâtre avec Roccanera.*

Ah ! qu'avec votre nièce il me tarde de voir
L'hymen former pour moi cette chaîne si chère,

ROCCANERA, *lui serrant la main.*

C'est mon désir, marquis, et mon espoir !

*Il reconduit le marquis ; et en redescendant le théâtre se trouve, avec effroi, vis-à-vis de Zerline.*

## SCÈNE VI.

ZERLINE, ROCCANERA.

ZERLINE.

Ne m'abusé-je pas ? et que viens-je d'entendre ?
C'est là le grand seigneur qu'on vous donne po[gendre !]

ROCCANERA.

Eh ! oui, le marquis Buttura !

ZERLINE.

Vous ne savez donc pas, et je dois vous l'apprendre,
Que lui, qui doit demain épouser ma Gemma,
Est l'amant d'une grande dame
Dont j'ignore le nom, mais qui vient aujourd'hui
De lui donner un rendez-vous...

ROCCANERA, *souriant d'un air de doute.*

A lui ?

ZERLINE.
Je l'atteste sur mon âme!

ROCCANERA, avec colère.
Qu'importe? Il le faut... Je le doi!

ZERLINE, avec reproche.
Vous le devez?

ROCCANERA.
Malgré moi!
Tu ne sais pas que de ce mariage,
Dépendent ma fortune et ma gloire et mon sort!

ZERLINE.
Et celui de ma fille?

ROCCANERA, avec orgueil.
Est plus brillant encor!
De suprêmes honneurs deviennent son partage :
En confidence.
Vice-roi!... Je suis vice-roi!
Avec force.
Oui, n'importe à quel prix! je veux l'être! (Écoutant?)
Car voici le bal qui commence!    [Tais-toi.]

ZERLINE.
Mais ma fille?

ROCCANERA.
Va-t-en? d'effroi, d'impatience,
A peine si je me contiens?

ZERLINE.
Mais vous m'avez promis, je m'en souviens,
De tenir vos serments?

ROCCANERA, avec colère.
Ah! c'est trop d'insistance!

ZERLINE.
Et moi, je vous l'ai dit... moi, je tiendrai les miens.
Elle sort.

## SCÈNE VII.

ROCCANERA, puis le MARQUIS, et tous les seigneurs et dames de la cour invités pour le bal.

CHŒUR.
O bal qui m'enchante,
Nuit étincelante,
Qui de mille feux
Éblouit nos yeux!
O joyeux délire
Que la danse inspire,
Accents enivrants
Qui charment nos sens!

LE MARQUIS.
Oui, j'admire ce bal, à nos regards si doux,
Qui, de tous les pays empruntant les coutumes,
Par l'aspect varié de ses divers costumes,
Semble de l'univers le joyeux rendez-vous!

CHŒUR.
O bal qui m'enchante,
Nuit étincelante,
Qui de mille feux
Éblouit nos yeux!
O joyeux délire
Que la danse inspire,
Accents enivrants,
Qui charment nos sens!

Des danseurs et danseuses, en costumes de différents pays, exécutent plusieurs danses de caractère.
**DIVERTISSEMENT.**

ROCCANERA, regardant autour de lui d'un air satisfait.
Que de déguisements étranges!

## SCÈNE VIII.

LES PRÉCÉDENTS, GEMMA, une corbeille d'oranges sur la tête et habillée comme la jeune fille peinte dans le tableau du second acte. ZERLINE dans le même costume, se tenant près d'elle et portant à son bras un panier rempli d'oranges.

LE MARQUIS.
Jusqu'à ma fiancée en marchande d'oranges!
C'est charmant, c'est exquis!

ROCCANERA, stupéfait en voyant Gemma qui s'incline devant lui en lui présentant sa corbeille.
Quoi! Gemma!

ZERLINE, bas à Roccanera, lui montrant sa fille.
La voilà comme j'étais jadis!
A demi-voix.
Ma fille ne sait rien encore,
Et mes droits, elle les ignore...
Je vous l'avais promis!
Mais dès demain, à mes ordres docile,
Marchant à mes côtés, elle ira par la ville
Chantant ainsi que moi :
Achetez... achetez..

ROCCANERA.
Tais-toi!

ZERLINE.
Mes belles oranges!

ROCCANERA.
Tais-toi!
C'est ma mort! plus encor! la perte de ma place!

ZERLINE.
Achetez! achetez!

ROCCANERA, à demi-voix et tremblant.
Que veux-tu que je fasse?

ZERLINE, de même.
Je vous l'ai dit : la marier
Avec Rodolfe, l'officier.

Le dialogue qui précède et celui qui suit se disent à voix basse, sur le devant du théâtre, entre Zerline et Roccanera, pendant que derrière eux le bal continue. En ce moment entre Rodolfe, qui salue Gemma d'abord, et puis d'autres dames de la cour.

ROCCANERA, toujours à voix basse et rapidement.
Mais dès demain, pour elle un autre hymen s'ap-
[prête.]

## ACTE III.

ZERLINE, de même.
Alors, mariez-les en secret dès ce soir !
Sinon, et dès demain... j'en ai l'espoir
La corbeille sur la tête,
Vous l'entendrez chanter auprès de moi...
ROCCANERA.
Tais-toi ! tais-toi !
ZERLINE.
Achetez ! achetez !
ROCCANERA, à demi-voix et vivement.
Je céderais !
Oui, par le salut de mon âme,
Je le voudrais ; mais c'est ma femme
Qui n'y consentira jamais !
Lui montrant la princesse qui arrive par la gauche, entourée d'un flot de dames et de cavaliers.
C'est elle !
ZERLINE, la regardant avec surprise et à part.
O ciel !... c'est là cette puissante dame,
Cette austère vertu...
ROCCANERA, à demi-voix.
La sœur du roi !
ZERLINE, de même.
C'est bien !
J'ai votre aveu.... J'aurai bientôt le sien !
Passant auprès de Gemma.
Si tu crois à l'ardent amour
De celle qui t'a nourrie,
Que par toi je sois obéie
En tout point !
GEMMA, étonnée.
En tout point !...
ZERLINE.
Et je jure en retour
D'assurer, dès ce soir, le bonheur de ta vie !
GEMMA.
J'obéirai... j'en fais serment.
ZERLINE, la regardant avec tendresse.
Mon enfant !... Ma chère enfant !

### QUINTETTE.

Écoute bien la voix qui te conseille,
Et qui tout bas murmure à ton oreille !
A la princesse vas offrir
Cette fraîche et belle corbeille.
GEMMA.
Pourquoi ?
ZERLINE.
Tu dois, sans comprendre, obéir !
La princesse vient de s'asseoir à gauche du théâtre, plusieurs dames sont assises près d'elle. Debout, se tiennent derrière elle quelques seigneurs et officiers, parmi lesquels est Rodolfe. Gemma s'approche de la princesse et lui présente la corbeille d'oranges.
LA PRINCESSE, souriant.
Le présent est superbe ! Eh ! que puis-je, en échange,
Princesse, vous donner...

Zerline est debout derrière Gemma, à qui elle souffle les phrases suivantes, que Gemma répète à demi-voix et timidement. Roccanera, à droite du théâtre, contemple ce tableau d'un air inquiet.
ZERLINE, bas à l'oreille de Gemma.
Je venais vous prier...
GEMMA, répétant la phrase de chant à demi-voix à la princesse.
Je venais vous prier...
ZERLINE, de même.
De vouloir bien me marier !
GEMMA, de même.
De vouloir bien me marier !
RODOLFE, à part.
O ciel !..
ZERLINE.
Avec Rodolfe, l'officier...
Gemma hésite. Zerline répète.
GEMMA, baissant les yeux.
Avec Rodolfe l'officier.
RODOLFE, étonné et à part.
Qu'entends-je ?
LA PRINCESSE, étonnée et regardant tour à tour Gemma et Rodolfe avec indignation et surprise.
Est-il possible !.. et quelle audace extrême !
GEMMA, bas à Zerline.
Je tremble !
ZERLINE, de même.
Ne crains rien !.. Obéis jusqu'au bout !
Présente-lui maintenant une orange
Et dis-lui hardiment : Je sais tout !..
GEMMA présente une orange à la princesse en lui disant :
Je sais tout !
LA PRINCESSE, troublée.
Elle sait tout... O ciel !.. qu'entends-je ?
Se levant et apercevant Zerline, elle s'arrête stupéfaite.
Que vois-je !
ZERLINE, s'avançant.
Eh oui vraiment !.. Madame, elle sait tout,
Et moi de même...
ZERLINE, tirant de sa poche les fragments de la lettre ramassée par elle au premier acte.
Elle sait tout ! et sa vengeance
Près d'un mari peut vous trahir;
Et pour acheter son silence
Il faut céder à son désir.
Le plus prudent est d'obéir,
Prudemment il faut obéir !
LA PRINCESSE.
Elle sait tout ! et sa vengeance
Près d'un mari peut me trahir,
Et pour acheter son silence
Il me faut, hélas ! consentir.
Malgré moi, je dois consentir.
O fureur, il faut consentir !

} ENSEMBLE.

LA PRINCESSE, à Gemma et affectant de cacher son trouble.

Moi... j'ignorais vos sentiments...
Puisqu'un autre amour vous engage
Puisqu'il le faut...

ZERLINE, qui pendant ce temps a roulé entre ses mains une orange qu'elle montre toujours à la Princesse.

Très bien...

LA PRINCESSE.

Moi-même je consens
A ce nouveau mariage....

GEMMA, ROCCANERA, LE MARQUIS.

Ah ! qu'est-ce que j'entends ?

ROCCANERA, GEMMA et RODOLFE.

O surprise ! ô merveille !
Je ne sais si je veille ;
D'une bonté pareille
On reste stupéfait !
L'aventure est étrange !
Quoi, plus douce qu'un ange,
A l'instant elle change
D'idée et de projet.

LE MARQUIS.

O surprise ! ô merveille !
Je ne sais si je veille ;
D'une injure pareille
Je reste stupéfait.
De cette insulte étrange
Il faut que je me venge ;
Est-ce ainsi que l'on change
De plan et de projet ?

ZERLINE.

Je comprends à merveille
Une bonté pareille.
Sa prudence s'éveille
Et craint pour son secret.
Et douce comme un ange,
A l'aspect d'une orange,
Tout à coup elle change
D'idée et de projet.

} ENSEMBLE

LE MARQUIS, à part, regardant la princesse avec colère.

Rompre ainsi sans motif (à voix haute) ! un instant...
Et mon courroux.... [je réclame !]

ZERLINE (à demi-voix).

S'apaisera (lui montrant l'orange)
Devant un argument pareil à celui-là !

Montrant Gemma, et à voix basse.

Elle sait tout !....

LE MARQUIS, à part.

O ciel (haut à la princesse) c'est différent, madame !

ROCCANERA, étonné.

Que dit-il ?

LE MARQUIS, à Roccanera.

J'obéis à l'honneur, à ses lois !

Montrant Gemma.

Dès qu'un autre lui plaît, je renonce à mes droits !

ROCCANERA, GEMMA ET RODOLFE.

O surprise ! ô merveille !
Je ne sais si je veille,
D'une bonté pareille
Chacun est stupéfait,
L'aventure est étrange,
Et plus douce qu'un ange,
A l'instant elle change
D'idée et de projet.

ZERLINE.

Je comprends à merveille
Une bonté pareille,
Sa prudence s'éveille
Et craint pour son secret.
O destinée étrange !
A l'aspect d'une orange,
Soudain chacun d'eux change
D'idée et de projet.

LA PRINCESSE ET LE MARQUIS.

De peur qu'on ne surveille
Aventure pareille,
De peur que ne s'éveille
Un soupçon indiscret,
O destinée étrange !
Et sans que je me venge
Il faut bien que je change
D'idée et de projet.

} ENSEMBLE

ROCCANERA, à Zerline.

Explique-moi du moins !

ZERLINE.

C'est inutile !

ROCCANERA, anéanti de surprise.

Quoi ! ma femme a cédé.

ZERLINE.

La recette est facile.

A demi-voix.

Et sans avoir jamais recours
A la violence, au reproche,
Pour commander, ayez toujours

(Lui montrant une orange.)

Cet argument dans votre poche !

S'adressant à Rodolfe et à Gemma.

Et vous, à qui je l'ai promis,
O mes enfants, soyez unis !

RODOLFE.

Comment nous acquitter...

GEMMA.

Et que pouvons-nous faire
Pour vous, ma bonne mère ?

ZERLINE, fait un geste d'émotion qu'elle réprime, et dit à Roccanera, qui s'approche d'elle.

Je me tairai... Je l'ai promis !
Ils sont heureux, ils sont unis !

## ACTE III.

*AIR.*

Victoire! Ah! quelle ivresse
  Selon mes vœux,
J'ai tenu ma promesse,
  Ils sont heureux!
*S'adressant à Gemma.*
Tous les jours en silence
Vous aimer et vous voir,
C'est là ma récompense,
C'est là mon seul espoir!
*A Gemma d'un air respectueux.*
Si vous voulez pourtant m'accorder une grâce,
Princesse... permettez qu'ici je vous embrasse!
*Gemma se jette dans ses bras.*
Bonté du ciel! bonheur inespéré,
  *A Roccanera à demi-voix.*
Ne craignez rien... je me tairai.
  Et maintenant joyeuse,
  Au delà de mes souhaits!
  Et seule pourvoyeuse,
Admise en ce royal palais.
  *(Reprenant la canzonnetta du premier acte.)*
  Achetez, mes belles oranges,
  Ces fruits divins, par qui je suis
  Bien plus heureuse que les anges
  Ne le sont même en paradis.

**FIN.**

Rue Richelieu, 87 et rue Neuve-Vivienne, 40.

# BRANDUS ET Cⁱᴱ,
### ÉDITEURS DE MUSIQUE,

Successeurs de Maurice Schlesinger et de E. Troupenas et Cⁱᵉ,

Propriétaires du fonds de musique du Conservatoire.

## GRAND
# ABONNEMENT
### A LA LECTURE MUSICALE.

Un an, 30 fr. — Six mois, 18 fr. — Trois mois, 12 fr. — Un mois, 5 fr.

Notre abonnement de musique, le plus considérable de Paris, se compose du répertoire complet des œuvres anciennes, classiques et modernes.

### Nous mettons à la disposition du public :

Les grandes Partitions d'orchestre, les Partitions pour piano et chant, françaises, italiennes et allemandes ; les Partitions pour piano seul, à 2 et à 4 mains ; des Morceaux de piano seul, à 2 et 4 mains, ou concertants avec divers instruments, de tous les auteurs anciens et modernes ; enfin des Ouvertures, Quadrilles, Valses, Polkas, Redowas, etc.

L'abonné reçoit à la fois TROIS morceaux, qu'il a le droit de changer tous les jours. Une partition compte pour deux morceaux. Les abonnés de province ont droit à six morceaux.

### Sont exclus de la lecture :

1° Les Morceaux de chant détachés des opéras ou opéras comiques.
2° Les Romances, Mélodies et Duos.
3° Les Méthodes, Solféges, Études et Vocalises.

### Dispositions générales.

1° L'abonné est obligé d'avoir un carton, sans lequel il ne peut venir ou envoyer échanger la musique.
2° Les doigtés sur les morceaux sont rigoureusement interdits.
3° Les abonnés qui ont reçu des morceaux neufs, et qui les rapporteront roulés, tachés, déchirés, doigtés ou incomplets, en paieront la valeur.
4° L'abonné ne peut garder une partition plus de quinze jours.

Le service de l'abonnement ne se fait point les dimanches et jours de fête.

### Les abonnements se paient d'avance.

Rue Richelieu, 87 (ancien 97), et rue Neuve-Vivienne, 40.

*Bureaux à Paris, rue Richelieu, 103.*

Paris, un an, 24 fr. — Départements et Belgique, 30 fr. — Étranger, 34 fr.

# REVUE
## ET
# GAZETTE MUSICALE
## DE PARIS.

17ᵉ ANNÉE.

A ce Journal appartient l'honneur d'avoir fondé la presse musicale en France et d'en avoir toujours occupé le premier rang.

La *Revue et Gazette musicale* a donc pour recommandation sa durée, et cette durée a pour bases le mérite, l'utilité, la popularité.

Histoire de l'art ancien et moderne, questions du moment, théories profondes, analyses légères, critique, biographie, anecdotes, tout s'y trouve réuni dans un cadre non moins étendu que varié.

La collection de la *Revue et Gazette musicale* forme une véritable encyclopédie, et quiconque s'intéresse à la musique ou aux musiciens ne saurait trouver ailleurs des documents plus sûrs et plus complets.

Aujourd'hui que ce Journal entre dans sa dix-huitième année, il n'a qu'à persévérer dans la voie qu'il a toujours suivie ; son passé est la meilleure garantie qu'il puisse donner de son avenir.

Les abonnés reçoivent tous les mois un morceau de musique, et comme prime,

*Immédiatement en s'abonnant :*

## 1° UN ALBUM DE CHANT

Avec le portrait de **Ad. ADAM**,

CONTENANT :

La petite Chanteuse, par **Ad. Adam**.
La belle Madelon, par **Maurice Bourges**.
Le Ramier, mélodie, par **Félicien David**.
Marcel le marin, par **E. Dassier**.
Régina, légende, par **Duprez**.
Fabliau, par **Halévy**.
Confidences, par **Meyerbeer**.
L'Heure des rêves, par **Panseron**.
L'Exilé, par **Vivier**.

## 2° UN ALBUM DE PIANO

Avec le portrait de **E. PRUDENT**,

CONTENANT :

Mazurka, par **Blumenthal**.
Chant du berceau, par **Stephen Heller**.
Danse des Péris, étude, par **G. Mathias**.
Romance sans paroles, par **Mendelssohn**.
Impromptu, par **Prudent**.
Airs irlandais, par **Thalberg**.
L'Amarante, par **Ch. Voss**.
Le Berceau, par **Willmers**.

Paris. — Imprimerie de L. MARTINET, rue Mignon, 2.

www.ingramcontent.com/pod-product-compliance
Lightning Source LLC
Chambersburg PA
CBHW070528050426
42451CB00013B/2912